AF453515

Cher Monsieur Azaïs

Il nous a été impossible jusqu'à présent de trouver un exemplaire à couverture rose de Banalité. Le petit livre a été écrit en 1909. Je ne pouvais pas le

près du poêle, du fameux poêle, qui s'enrichit pour moi d'un nouveau mystère.

L'atmosphère de la Pension n'était autre que celle d'un salon louis-philippard, modernisé d'un peu de bambou et de peluche. On y voyait tourner et marmonner en demi-deuil, contre la lumière bourgeoise de la rue Montaigne, la sous-maîtresse et les institutrices. Les yeux des écoliers s'ouvraient et se fermaient dans le faux jour comme les yeux des chats. Il y avait là un Irlandais aux yeux bleus, Edwin Angarika, je crois, qui disait d'une voix follement limpide : « Mselle! Mselle! Je ne peux pas trouver Liverpool sur la carte. » Il disait ça pour faire le malin à cause de Liverpool. Il y avait Caronesi, un petit brun rond et dur, en buis, qui collectionnait les morceaux de mosaïque. Hubert de Frédy était étroit, distingué, de manières charmantes, un peu voûté. Maurice Dufrène était grand, fin, froid, avec un front bombé, un sourire timide, et pas encore futur artiste décorateur. Robert Derville avait une jolie figure pâle et nerveuse, faisait tout le temps claquer ses doigts et grinçait quelquefois des dents... Midy, futur pharmacien spécialiste, m'embêtait parce qu'il courait après mes petites filles. J'y reviendrai. Blum avait déjà cette manie juive d'enseigner les autres. Doyen, petit blond myope, m'avait donné un des deux rats blancs qu'il avait. Izambard, horriblement chevelu, noir et

laisser publier. C'est en le revoyant cette année qu'il m'a le moins déplu et qu'il m'a donné l'idée de continuer ces Souvenirs. Suivront : enfance dérision partie.)

Adolescence, Hodos, Portraits, Souvenirs littéraires, (où j'aurai beaucoup à dire) Revues, portraits de Mallarmé, de Verlaine, etc.)

(Je ne travaille désormais que sur épreuves. Je vois la page "tachée comme une page de musique.) Léon-Paul Fargue.

huileux, faisait d'immenses grimaces qui m'évo-
quaient. je ne sais pourquoi, un fourneau de cuisine
fendu, crevé. Nous avions nos ardoises. On se disait :
Veux-tu coller? Et, en mettant bout à bout toutes
nos ardoises, nous arrivions à dessiner, à la craie ou
aux crayons de couleurs, une grande composition
de guerre, ou la ligne d'une flotte interminable.

En écrivant ces pauvres choses, j'entends toquer
à la fenêtre, doucement, mélancoliquement, notre
boule blanche que le vent pousse. J'entends défiler
lentement la nuit, par gouttes lointaines, avec un
bruit indifférent, comme aveugle; des larmes qui
viennent du temps, du temps qui revient des larmes,
du fond des mois, du fond des années, du fond des
arceaux, du fond des cavernes. Un innombrable che-
minement d'animaux imperceptibles, inexorables, qui
marchent sur nous en dormant, poussés par les ber-
gers divins, séparés de la nuit passée, sans savoir;
amibes qui se sont chargés tout d'un côté; fantômes
qui se massent à l'avant de la scène, en haut d'un
toit, pour fuir une mer invisible. Quelque chose de
séparé. Quelque chose comme la lumière séparée
de son astre mort, et qui n'en continue pas moins
de tirer purement sa route, isolée dans l'espace,

BANALITÉ

LÉON-PAUL FARGUE

BANALITÉ

nrf

PARIS
ÉDITIONS DE LA NOUVELLE REVUE FRANÇAISE
3, Rue de Grenelle
M . CM . XX . VIII

Il a été tiré de la présente édition 577 exemplaires, à savoir :

Huit exemplaires sur Chine, dont trois exemplaires hors commerce marqués de A à C et cinq exemplaires numérotés de 1 à 5.

Douze exemplaires sur Vieux Japon teinté, dont quatre exemplaires hors commerce marqués de D à G et huit exemplaires numérotés de 6 à 13.

Dix-sept exemplaires sur Japon Impérial, dont cinq exemplaires hors commerce marqués de H à L et douze exemplaires numérotés de 14 à 25.

Quarante et un exemplaires sur Hollande Van Gelder, dont six exemplaires hors commerce marqués de M à R et trente-cinq exemplaires numérotés de 26 à 60.

Quatre cent quatre-vingt-dix-neuf exemplaires sur Vélin pur fil des papeteries Lafuma-Navarre, dont huit exemplaires hors commerce marqués de R à Z; seize exemplaires hors commerce marqués de a à t; quatre cent quarante exemplaires numérotés de 61 à 500 et trente-cinq exemplaires réservés à l'auteur numérotés de 501 à 536.

Il a été tiré en outre trente exemplaires hors commerce sur Vergé blanc de Vidalon, sous couverture spéciale, destinés à trente souscripteurs particuliers à tous les ouvrages de Léon-Paul Fargue qui paraîtront désormais, imprimés à leur nom et contenant un autographe de l'auteur.

EXEMPLAIRE N° 34

Tous droits de reproduction
et de traduction réservés pour tous les pays y compris la Russie
Copyright Librairie Gallimard, 1928

LA GARE

GARE de la douleur j'ai fait toutes tes routes.
Je ne peux plus aller, je ne peux plus partir.
J'ai traîné sous tes ciels, j'ai crié sous tes voûtes.
Je me tends vers le jour où j'en verrai sortir
Le masque sans regard qui roule à ma rencontre
Sur le crassier livide où je rampe vers lui,
Quand le convoi des jours qui brûle ses décombres

Crachera son repas d'ombres pour d'autres ombres
Dans l'étable de fer où rumine la nuit.

Ville de fiel, orgues brumeuses sous l'abside
Où les jouets divins s'entr'ouvrent pour nous voir,
Je n'entends plus gronder dans ton gouffre l'espoir
Que me soufflaient tes chœurs, que me traçaient tes signes,
A l'heure où les maisons s'allument pour le soir.

Ruche de miel amer où les hommes essaiment,
Port crevé de strideurs, noir de remorqueurs
Dont la huée enfonce sa clef dans le cœur
Haïssable et hagard des ludions qui s'aiment,
Torpilleur de la chair contre les vieux mirages
Dont la salve défait et refait les visages,
Sombre école du soir où la classe rapporte
L'erreur de s'embrasser, l'erreur de se quitter,
Il y a bien longtemps que je sais écouter
Ton écluse qui souffre à deux pas de ma porte.

Je suis venu chez toi du temps de ma jeunesse.
Je me souviens du cœur, je me souviens du jour
Où j'ai quitté sans bruit pour surprendre l'amour
Mes parents qui lisaient, la lampe, la tendresse,
Et ce vieux logement que je verrai toujours.

Sur l'atlas enfumé, sur la courbe vitreuse,
J'ai guidé mon fanal au milieu de mes frères.
Les ombres commençaient le halage nocturne.
Le mètre, le ruban filaient dans leur poterne.
Les hommes s'enroulaient autour du dévidoir.
La boutique, l'enclume à l'oreille cassée,
La forge qui respire une dernière prise,
La terrasse qui sent le sable et la liqueur
Rougissaient par degrés sur le livre d'images
Et gagnaient lentement leur place dans l'église.
Un tramway secouait en frôlant les feuillages
Son harnais de sommeil dans les flaques des rues.
L'hippocampe roulait sa barque et sa lanterne
Sur les pièges du fer et sur les clefs perdues.
Il y avait un mur assommé de traverses
Avec un bec de gaz tout taché de rousseur
Où fusaient tristement les insectes des arbres
Sous le regard absent des éclairs de chaleur.
L'odeur d'un quartier sombre où se fondent les graisses
Envoyait gauchement ses corbeaux sur le ciel.
Une lampe filait dans l'étude du soir.
Une cour bruissait dans son gâteau de miel.
Une vitre battait comme un petit cahier
Contre le tableau noir où la main du vieux maître
Posait et retirait doucement les étoiles.
Les femmes s'élançaient comme des araignées
Quand un passant marchait sur le bord de leur toile.

Les grands fonds soucieux bourbillaient de plongeurs
Que le masque futur cherchait comme il me cherche.
Le présage secret qui chasse sur les hommes
Nageait d'un peu plus près sur ma tête baissée.

Je me suis retrouvé sous ta serre de vitres
Dans les plants ruisselants, les massifs de visages
Scellés du nom, de l'âge et du secret du coffre,
Du nécessaire d'os et du compas de chair,
En face du tunnel où se cache la fée
De l'aube, qui demain vendra ses madeleines
Sur un quai somnolent tout mouillé de rosée
Dans le bruit du tambour, dans le bruit de la mer.
J'ai longé tout un soir tes grands trains méditants,
Triangles vigilants, braises, bielles couplées,
Sifflets doux, percement lointain de courtilières,
Cagoules qui clignez bassement par vos fentes,
Avec deux passants noirs penchés sur la rambarde
Au-dessus du fournil du pont de la Chapelle
Où le guerrier déchu qui promène les hommes
Encrasse son panache avec un bruit de chaînes,
Et le grand disque vert de la rue Jessaint,
Gare de ma jeunesse et de ma solitude
Que l'orage parfois saluait longuement,
J'aurai longtemps connu tes regards et tes rampes,
Tes bâillements trempés, tes cris froids, tes attentes,

J'ai suivi tes passants, j'ai doublé tes départs,
Debout contre un pilier j'en aurai pris ma part
Au moment de buter au heurtoir de l'impasse,
A l'heure qu'il faudra renverser la vapeur
Et que j'embrasserai sur sa bouche carrée
Le masque ardent et dur qui prendra mon empreinte
Dans le long cri d'adieu de tes portes fermées.

BANALITÉ

L'odeur du sureau me conseille
Le plus parfait oubli...

MA mère, je te regardais tourner dans cette chambre, inaltérable et douce, exilée du bonheur, dans la grande lumière qui venait du canal, au milieu des objets familiers dont nous connaissons toutes les petites figures, toutes les manies de petits bonshommes, et tu essayais de chanter.

Moi je portais mon cœur trop lourd, ce cœur faible et présomptueux, comme un écolier qui court avec un pain plus grand que lui.

Nous foulions tous les trois le champ des souvenirs, avec un vieil ami qui parlait dans sa pipe.

Appuyons-nous encore à ce mur bleuissant que la persienne ennuie.

Buvons encore à la fenêtre où nous avons tant de fois goûté le sel des larmes.

La girouette qui défend ce toit chargé de filets noirs plaignait sa fumée rudement enlevée par le vent du canal. L'atelier murmurait dans l'épure vitreuse. La langue de l'eau mouillait la lumière. Un pigeon soigneux se risquait sur la crête. Des souris, posées comme des pastilles du sérail sur le garde-manger de la cuisine, entouraient une écuelle occupée militairement par des mouches de toutes les armes, trépieds velus, boules de graphite au poil grondant venues des abattoirs de la Villette, ciseaux croupis, gouttes d'encre verte vite parties, timbre sec des trompes sur le zinc; mais sur l'arête, à l'extrême bord, il en arriva une toute petite, où l'on voyait battre du carmin — singulièrement longue et transparente, comme une seringue empoisonnée, et qui nous parut formidable et tout à fait inattendue.

Le loisir se coiffait dans la lumière blanche.

Des bouffées de musique militaire sautaient le mur du jardin de l'hôpital. Un vapeur demandait l'écluse à son de trompe. O doux tonnerre du soleil, coups de vent roux sur la gare et sur le canal, tambours des trains, vieux mouflons noirs, souffles plaintifs, relais d'oubli, faites lever les souvenirs du Paris champêtre et rêveur qui sentait le gaz et l'étable, et l'importance du passant qui suçait sa colonne d'air sans se douter de son bonheur. Le chemin de fer de ceinture allait plus loin que vos voyages. Le voyage autour de ma chambre allait plus loin que la ceinture. La vieille chaussure des omnibus bottait les arbres et les fontaines. L'orgue de Barbarie commençait à moudre à dix heures, pour émouvoir l'apéritif, et les racleurs posaient leurs collets sur huit mesures : « Rappelle-toi. Rappelle-toi... »

(Mais il n'avait pas l'air pressé de me répondre. On entendait chanter l'oiseau que nous appelions « l'avocat »...)

Ne fourgonne pas dans ma chambre. Nous allons sortir. La lumière est bonne. (Un temps à traquer le

*mystère. En chasse pour le doute et le signe au-devant
des yeux bleus du soir...)*

●

Toute une face de la rue, c'était de la ville, avec ses
boutiques, ses bijouteries en veilleuse, un bureau de
poste annexe, des protestations de manilleurs et des
coups de poing de masse de billard. Mais que penser de
l'autre côté? J'y vis une lisière mystérieuse, une enfilade
de jardins incultes, qui sentaient l'absinthe et la punaise,
sous une taie de voilettes étranges où grésillaient des
entrecroisements indéfiniment brouillés et recommencés
de fils verts, divisés par le glissement haut et lent d'un
tramway fantôme, au timbre grave comme une horloge
de campagne, et prolongé jusqu'aux nuages comme le
spectre du Brocken...

●

...Mandres et Brunoy? Si on y allait un de ces
dimanches? Mais qu'est-ce que tu as à rougir? — Moi,
je regardais par la fenêtre. Le ciel était couleur de
l'Yerres... — N'en dis pas plus, c'est fait, je revois
Mandres, la rivière pleine d'herbes dormantes, les roses

trémières, les petits sentiers gardés de houlettes, les barques trop chargées qui se cognent vertement, tous ces écureuils dans la brume qui tourne au poing de chaque saule, le vieux pêcheur du moulin de Rochopt qui jette l'ancre dans son visage; et les rencontres insolites, et la tendresse studieuse; et toutes les voix sur l'eau, sur l'eau, ces voix qui demandent la mer... Ah! ces découvertes d'insectes dans les taillis, l'énorme chenille rayonnante aux caroncules orangés qui faisait la boucle en accolant ses chaussons verts sur un grillage, les parcs des grandes propriétés que longe un tramway tonnant d'orphéons et de quilles soûles, la terrasse bondée comme une cloche à mouches, la marée du café menacé par l'orage et la sonnerie de cuvette de la petite gare crépusculaire... Et je revois la mère Hélie qui était si bonne et qui est morte brûlée...

Quand ils y étaient allés seuls et que je rentrais tard dans la nuit, j'allais tout de suite à la cuisine pour voir tremper leur bouquet de roses...

A Marguerite AUDOUX

TROUVÉ
DANS DES PAPIERS
DE FAMILLE

EN 1909

(Première Partie)

*Et cette nuit-là quand je fis à Dieu
ma prière je pleurai et je lui dis : « Ah,
quand à la fin... vous vous souviendrez
de quels joujoux nous avons fait nos
joies, et combien faiblement nous avons
pris votre grand commandement de
bonté, alors vous laisserez votre colère
et vous direz : « J'ai pitié de ces pauvres
enfants. »*

COVENTRY PATMORE.
(Traduit par PAUL CLAUDEL.)

J'AI tant rêvé j'ai tant rêvé que je ne suis
Plus d'ici.
Ne m'interrogez pas, ne me tourmentez pas.
Ne m'accompagnez pas sur mon calvaire.

Il ne m'est pas donné de m'expliquer les ordres,
Pas même le droit d'y songer.
Il est grand temps que je me lève et que je parte.

Il a une permission de la mort, et il arrive.
Au tournant de la rue qui mène à la nuit, je l'attends.
La mer va rentrer ses dernières terrasses.
Une première lampe a soif dans les ténèbres.

Un pas sur le pavé. Son ombre le précède
Et se couche sur moi, la tête sur mon cœur.
Il est là.

Toujours son chapeau rond, toujours son sac à main,
Comme il était le jour qu'il revint d'Italie.
Je ne vois pas ses yeux. Il ne me parle pas.

Je me roule vers lui comme une pierre obscure.
Je ne peux pas franchir son ombre.

Etes-vous bien portants? Qu'avez-vous fait depuis?
Pourquoi n'êtes-vous pas montés?
Tous les jours j'allais voir et vous n'arriviez pas!

Il ne dit rien de tout cela.
Mais tout en lui dit : Souviens-toi.

La nuit sur lui s'est refermée.

ON souvenir le plus lointain?

L'Exposition Universelle de 1878. Un bâtiment industriel, Fafner qui s'avance, une glace déformante, un train dans une gare, tout ça vu par un œil d'enfant, tout ramant, tout bruissant et sifflant du siphon des astres.

Au milieu de cet œil de mouche, frais, caressant et menaçant, la figure de mon père, émouvante et pâle, avec son air candide et sa barbe d'ingénieur,

monte boire au hublot central avec une grande douceur. Il amusait gauchement les enfants, mais il
m'aimait tant, et il repoussait si courageusement,
comme un enfant renvoie le ballon, la paroi mou-
vante de la mort !

Allons, bon ! D'autres s'interposent, il faut que je
m'en occupe. Attendez. C'est parce que ça se passait
dans le même quartier. C'est un ami qui m'avait invité
à déjeuner chez ses parents, rue Clément-Marot. Son
père était ministre des Postes. C'était la première
fois que j'allais déjeuner chez un camarade de lycée.
Le contraste avec notre rue triste, couleur fâché,
cette rue de Passy où le soleil n'entrait jamais.
Chez lui, c'était une belle maison, l'entrée d'une
maison bien nourrie, les jolis yeux des objets d'art,
l'odeur de cuisine au beurre fin. Cette lumière
frisante, cet air particulier quand on entrait chez
eux. Mon ami me dit tout de suite : « Enlève tes
saletés. » Mes saletés, c'était mon pardessus râpé et
mon chapeau rond plus grand que moi... Je ne dis
pas grand'chose pendant ce déjeuner. J'avais toujours envie de parler quand on passait les plats.
Nous sortîmes de table et passâmes au billard. Il y
avait là un grand garçon brun au lorgnon et aux

furoncles sérieux, genre élève des classes supérieures qui fait l'homme et fume le cigare avec évidence. Il faisait aussi d'interminables séries dans le coin du billard, enfin il faisait le coin. Il appelait avec affectation la mère de mon ami : « Ma cousine ». J'enviais sa familiarité et son aisance.

Elle était rudement jolie, sa cousine. C'était une longue et brune chèvre-femme aux sabots parfaits, serrée dans une robe vermillon. Elle me questionnait avec ardeur, en me regardant les yeux, les cheveux. « Vous êtes nerveux, n'est-ce pas? Votre mère doit être nerveuse. Moi aussi je suis nerveuse... » Etc. Je ne reconnaissais plus le son de ma voix, déjà sourde. Et je sentais sur moi des monômes de boutonnières blanchies, plus : un bouton de manchette cassé que je connaissais bien.

On passa enfin au salon. Nous n'en finissions pas. C'était à qui passerait le dernier. Le lorgnon du savant tomba par terre. Aussitôt deux jeunes gens de notre lycée massacrèrent avec chaleur une sonate pour piano et violoncelle qui avait l'air d'un hymne au bon déjeuner et qu'atteignaient parfois de loin les bruits de la cuisine.

J'avais hâte d'en venir à la collection d'insectes que mon camarade m'avait promis de me montrer. Elle n'était pas contenue dans les petites vitrines passe-partout que moi j'achetais chez Deyrolle avec mes économies d'enfant, mais bien dans un superbe meuble à tiroirs. Je vis tout de suite qu'elle n'était pas en très bon état. Des antennes et des pattes cassées, une palatine était rongée, l'acarus faisait des siennes, il y avait des lames de parquet cirées sur les corselets, les insectes étaient souvent préparés de travers, et sûrement pas comme je savais, moi, les préparer. Je vis bien que le beau glacé des Actias était souvent cassé, retourné, éraillé sur les nervures. Et sous le velours des abdomens, il se formait déjà ce petit tas de poussière jaunâtre qui révèle que les insectes sont mangés.

Mon camarade me proposa de sortir. Il appela un fiacre d'un geste imperceptible, négligent, qui me donna beaucoup à penser. Il m'emmena au Quartier Latin. Nous montâmes au premier du Soufflet, du Vachette, où je reconnus dans la fumée plusieurs camarades de notre classe. Je les vis vraiment pour la première fois, mais, à coup sûr, pas comme je les voyais à l'étude, attentifs à ne pas se faire pincer quand ils lisaient leurs leçons écrites sur leurs manchettes, et tristement obséquieux sur le devant du professeur. Là, dans l'ivresse du billard, ils avaient l'air important, dégagé, blasé, massant d'un air boudeur en tirant de grosses bouffées de leur londrès. C'étaient les élégants de la division Faguet. Mon ami leur dit : « Je vous amène F..., que vous connaissez bien. » L'un d'eux, passant sa queue de billard derrière ses reins d'un geste de grande habitude, fit, avec une bouchette spirituelle : « Je le... je ne le connais que trop. » Et il me donna un petit coup d'épaule amical.

La nuit tomba, première nuit blanche... Les salles s'enfumèrent davantage. On servit les apéritifs. Je m'exaltais en buvant, je commençais à parler. J'essayais de donner à mon camarade une idée meilleure de mon expérience. Je me disais aussi, confusément, dans un sentiment que je croyais bon, sans me laisser retarder par l'orgueil qu'il contenait, que j'allais tâcher d'arracher ce jeune homme à ce milieu de billardiers que je sentais bien qui était le sien, que j'allais le sortir de ces gens de courses dont il employait parfois l'argot, non sans m'étonner ni me plaire. Il me dit, d'un air supérieur : « Oui, il n'y a pas à dire, toi, tu as le sens des belles choses ! Et moi, j'ai besoin de quelqu'un qui me sorte de la merde. Tu m'en sortiras, mais plus tard. » Alors j'eus un frisson d'espoir, pour lui, pour moi, pour tout ce que la vie nous réservait !

Nous nous levâmes. Il était bien l'heure de rentrer.

C'était un grand garçon aux yeux clairs, qu'on ne voyait jamais ciller sur un teint mat, avec des cheveux drus, frisés court, un nez cassé, une bouche ardente, des dents bousculées, mais saines, un menton dur ; toujours vêtu d'étoffes anglaises, avec une cravate rouge bien choisie chez Tremlett. On le sentait très soigné par sa mère. Nous étions dans la même classe, même division, depuis plusieurs années. Un jour, en récréation, dans la cour, en chahutant, il m'avait donné un coup de pied sur la main. Je crus que j'allais m'évanouir. Mais cet orgueil qui me faisait me relever seul et sans rien dire, enfant, quand je m'ensanglantais les genoux en jouant, m'empoigna d'une serre impérieuse et m'imposa de ne rien laisser voir. J'avais le pouce luxé.

Peu après, nous changeâmes de classe et nous nous vîmes moins souvent. Son désir de sortir de ses cafés, de ses gens de courses, de ses distractions ordinaires, n'était pas bien sincère.

Quelques années plus tard, son cousin B..., vint me voir : « Albert s'est tué d'un coup de revolver dans la bouche. On l'a trouvé étendu sur le palier. Rien dans ses propos, pas de lettre, nous n'avons rien su ! »

Moi je pensais encore à sa mère : « Comme elle est jeune, comme elle parle d'une voix nette, sans se reprendre. Il faut l'écouter comme un violon. Comme je voudrais avoir une pareille amoureuse. Je me sentais timide et si loin encore. Un jour, demain peut-être... Aujourd'hui je suis gauche, je ne sais rien dire, je n'ose même pas parler de ce que je connais le mieux. Plus tard, je me rattraperai, je travaillerai, j'y mettrai le temps, je veux approcher les femmes les plus belles. »

Il y avait aussi la mère de Bischoffsheim, qui venait souvent le chercher au lycée. Elle était toujours habillée de clair, hiver comme été. On la voyait arriver du fond de la rue de Longchamp, sur ce ciel de Passy qui avait l'air de monter du Bois de Boulogne, la figure chauffée de rose thé par son ombrelle, comme une apparition religieuse et mondaine due au pinceau d'un hors concours des plus distingués, Gounod et Gervex. Elle saluait gracieusement les amis de son fils. Ah! c'était un lycée de jeunes gens heureux. Quelquefois, mon père, devant notre table modeste, sous la lampe qui chantait de sa vieille voix douce, me disait, avec un air de ne pas y croire : « Conserve tes relations mon ami. Vois-tu, il n'y a que ça. » Père chéri! J'étais encore un bon enfant, alors, et ce que nous avions suffisait à mon cœur.

La vie simple aux travaux ennuyeux et faciles
Est une œuvre de choix qui veut beaucoup d'amour...

Mon plus vieux souvenir? Il est bien plus tranquille. A force de me le raconter, on est arrivé à me le faire voir.

Eh bien, j'étais tout petit, dans les bras de ma

nourrice, et je tenais une pomme. Il faisait grand soleil. Ma mère arriva. Quand je l'aperçus, je lançai ma pomme au diable et je criai pour ma mère : « Apoum! Abulcoucou! » disaient-ils.

Une minute pure comme une eau qui filtre dans une grotte et dont je n'oublierai jamais le tintement et la fraîcheur était celle où, me levant, j'entendais entrer, sous les vêtements de la jeune lumière qui venait s'habiller dans ma chambre, le flûtiau du chevrier noir et celui du poseur de robinets. Je devais les retrouver, grandis mais aussi jeunes, et les comprendre mieux, dans le Prélude à l'Après-Midi d'un Faune.

Les cris du matin venaient des chantiers, de la campagne et de la mer. Un vieux marchand tenait la chaussée, s'arrêtait, tournait de tous côtés la tête et disait, d'une voix bourrue :

Voil-là-les-p'tits-fau-teuils-pour-enfanpps!

Un peu avant midi, l'orgue de Barbarie chantait l'élévation des hommes qui passent.

C'était l'heure où ma mère m'amenait à la fenêtre. Alors, après un moment, je voyais mon père arriver du fond de la rue, le pas net, légèrement balancé, levant un visage inquiet sous le haut-de-forme, le

pardessus gonflé, les mains pleines de petites choses
tournantes. Il y avait là, certainement, des pots de
crème d'Isigny : « Le pauvre homme, il t'aimait tant,
me dit ma mère. Il t'aurait mis dans sa poche ».

Que de courants entremêlés. Je viens de recevoir
une lettre d'un ami. C'est une lettre ardente. Et me
voici, sans m'en être aperçu, debout, frémissant encore
d'espoir dans la vie. Rien n'est perdu, tout peut se refaire.
Une voix chaude; un geste d'or élargit la chambre :
Le feu qui s'emballe. Il ne lui manque que la parole.

Je souffle doucement ma lampe.

Le plafond rougit sourdement, comme un ciel
bouché de novembre sur la ville illuminée.

Je n'ai su qu'après la mort de mon père comment
ma mère et lui s'étaient connus. Un soir, un de ces
soirs où j'essayais de lui cacher mon désespoir, notre
vie manquée, notre misérable avenir, après un dîner
dans un petit restaurant, en remontant lentement
ce boulevard de Strasbourg dont il n'est pas un détail
qui ne me touche d'un souvenir, comme d'une
flamme sourde au cœur, elle m'a montré la maison

où ils s'étaient rencontrés. Maison lourde, d'un éclat morne, avec ses plaques commerciales jusqu'en haut du cinquième étage. Mon père sortait de l'Ecole Centrale. Il était ingénieur aux Crayons Faber. Il habitait avec son frère deux petites chambres sur la cour dans cette maison. Cela ne devait pas être bien gai. C'étaient des garçons sérieux, élevés durement par des parents cossus qui ne leur donnaient pas un sou, et ils recevaient plus de coups de pieds que de caresses. Un jour, leur père, qui les avait emmenés aux Champs-Elysées, s'arrêtait au bord du trottoir et leur disait, en leur montrant les équipages qui passaient : « Voilà ce que je pourrais avoir, si je ne vous avais pas. »

Dans le temps qu'ils demeuraient boulevard de Strasbourg, mon père avait un petit laboratoire faubourg Saint-Denis. Ma mère me racontait que c'était plein d'objets amusants, d'instruments de chimie, de petits fours d'essai qu'un diable tisonne, de cornues et de matras que la flamme empale dans un coin sombre, de petits tuyaux en caoutchouc, de bains éclatants de coralline. Il avait un esprit de recherche toujours en éveil; il était très inventif. En ce moment, je rassemble toutes mes forces pour l'atteindre, je tente éperdument le mystère, je force la nuit qui voudrait dormir, j'écarquille la mort, pour m'imaginer ce que pouvaient être sa figure sérieuse, son costume, avec le col, la cravate et le chapeau de l'époque, son œil au travail, et sa parole, que je n'ai presque connue que triste et quand tout espoir était déjà perdu.

Je suis né rue Coquillière. Quand je ne passe pas trop loin de là, je fais un détour pour y aller voir nos fenêtres, et je me dis que si la chambre est à louer, un jour, j'y monterai. Il y a dans la maison un marchand de comestibles, dont la vitrine est puissamment fortifiée de pâtés en croûte, crénelés comme des tours, et de tout un parc de boites de conserves. De l'autre côté, c'est un beurrier célèbre, avec ses hourds et ses impériales chargés de mottes, falaises et banquises, glaciers métis du chrome et du cadmium. Tous deux sont armés d'énormes balances et de poids en cuivre, alignés par rang de taille comme la famille de l'artiste-tronc.

On me mit en nourrice à Montrouge. Ma nourrice s'appelait la mère Méric. C'était la femme d'un sergent de ville. Une géante qui avait des accès de colère terribles, au cours desquels elle battait son mari comme plâtre et le coiffait solidement d'un pot de chambre à l'ancienne mode en forme de chapeau carré. Je crois bien que c'est d'elle que je tiens une violence sans bornes. Mais elle aimait les enfants, et elle m'aimait dit-on, particulièrement. Ce qui ne l'empêchait pas de faire souffrir mes parents, de raffiner sur le chantage, d'être d'une papelardise et d'une exigence dégoûtantes et de se faire combler de cadeaux.

J'ai été élevé rue du Géorama, puis rue Mouton-Duvernet. Comme tous ces noms propres, tous les noms propres de mon enfance ont gardé pour moi leur charme enchanteur! Ils m'ont appris le beau roman de l'univers. Ils se confondent avec les traits chéris, la voix familière de mes parents, leur façon bien connue d'arrondir la bouche pour les prononcer, la première boîte de compas, la première boule du Monde, les cartes en relief, les leçons de choses. Triste Montrouge, que je n'ai bien connu que plus tard, flanqué du biscuit de mer de ton église grise, avec des amis, avec mon pauvre Barbas, quand nous allions déjeuner chez Baudouin, rue Alphonse-Daudet.

A ce moment, je ne sais vraiment plus, il y a un trou. Je me retrouve au 15 de la rue du Colisée, dans une maison Second Empire, appartenant à la comtesse de Léotard. C'était une vieille dame en soie noire et en jais, très sale, avec un énorme sourire aimable, et qui me donnait tout le temps des oranges pourries dans l'escalier. Je vois encore ses grandes dents, bien jaunes, bien longues, et qui devaient être coupantes comme ces frites trop sèches qu'on nous servait au lycée Henri IV et qui nous faisaient saigner les gencives. Nous habitions tout en haut de la maison, là où il n'y a plus de tapis. Il n'y avait au-dessus que les chambres des domestiques. A cet étage demeurait une vieille fille en bonnet tuyauté qu'on appelait la mère Bauer. Elle venait faire notre ménage. Il y avait dans la chambre où je couchais, au-dessus de mon lit, un petit trou dans le plafond que la lampe y fumant parfois dans son halo rendait très significatif, et par où maman me disait, quand je ne voulais pas m'endormir, que la mère Gribiche allait passer son petit doigt crochu pour me jeter du sable. Il m'était donc bien difficile de ne pas penser que c'était la mère Bauer. Je la revois avec une netteté surprenante : Clothon, la Falote ou la sorcière de Macbeth. Je lui dis un jour : « Dites donc, mamselle Bauer, pourquoi que vous avez un nez qui pend? » — « Et toi, galopin, il n'est pas encore sec le tien! » C'est pourtant elle qui m'a donné ma première boîte de soldats, qui me fit pleurer de ravissement.

Quand on disait que je n'étais pas sage, elle me chantait une chanson grise, en faisant courir sur moi ses mains maigres, de bas en haut, jusqu'à la gorge.

> *La rôde*
> *La rôde*
> *Qui n'a ni pieds ni piaudes*
> *Qui n'a qu'une dent*
> *Et qui mange tous les petits enfants!*

Et il me semblait que mon ange gardien cédait la place à son propre fantôme en me faisant une horrible grimace.

Un jour, j'entendis dans l'escalier des bruits de Guignol, une voix de Polichinelle, des cris! Je sortis. Tout le monde était sur sa porte. C'était Mlle Bauer qui poursuivait un rat énorme, gros comme une miche de seigle, à grands coups d'un balai lancé en tous sens, avec une rage particulière, une figure où sortaient toutes ses vieilles rancunes. Le rat, déjà scalpé, bondissait, menaçait, suppliait, dressé, les pattes levées. Elle parvint enfin à le traquer entre une marche et le coin d'un mur, et le pila. La bête était sur le dos, les dents découvertes, éclatée comme une tomate, les doigts écartés, protestant encore. Je fus réveillé quinze jours après dans mon lit par le bruit d'une pelle qui tisonnait doucement la cheminée, sous une longue bride de soleil, avec cent mille oiseaux qui voletaient dans les rideaux, les cris de la rue, le sanglot de l'orgue, et la bonne figure de notre médecin qui me regardait profondément. Pendant longtemps je fis de longs rêves. J'étais soulevé sur mon lit; j'avais envie de me battre avec quelqu'un, de l'insulter, de sauver le rat ou de l'achever.

La première pièce de notre logement était une salle à manger carrelée, avec un grand poêle à colonnes, à chapiteau rond, dans une niche. Le soir, quand je rêvais sur mes devoirs et que le poêle avait sa voix de la nuit, ses piliers intérieurs s'allumaient pour moi d'une lueur étrange, et je me demandais confusément si cet animal n'était pas beaucoup plus profond que l'esprit humain ne le pouvait concevoir, s'il n'y avait pas là quelque chose de mystérieux que la pensée ne pouvait atteindre, et si celui qui saurait y chercher n'y trouverait pas, tout au fond, l'entrée d'une grotte de trésors qui passerait sous les rues, sous les maisons, sous les voitures, sous les crimes, et rejoindrait des mines d'or, là-bas, dans un pays sans hiver et sans pluie...

Ma mère cousait à côté de moi. Elle me chantait parfois des chansons de sa jeunesse, qui me plongeaient déjà, sans que je comprisse pourquoi, dans un état de tristesse infinie.

> *Le bœuf, piqué de l'aiguillon,*
> *Tremble en faisant son sillon.*

J'étais poussé doucement par l'envie de pleurer. Ma sensibilité, très en avance sur ma pensée, je sentais qu'elle prévoyait ce que devait être notre vie, la flamme sans rien à chauffer, l'enthousiasme sans récompense, la lutte sans témoins favorables, toute l'amertume, tout le doute. Cela ne fait rien, je maintiendrai. Je sais bien que tous les enfants sentent vivement, mais je crois bien que j'ai été plus loin, plus profond qu'aucun autre, moi que le seul passage d'une pensée à une autre faisait rougir. J'ai rôdé par là, sans être vu, dans des escaliers sans espoir, sur des gouttières interminables, dans des rêveries pleines de tressaillements, bondées et secrètes comme la mer.

Une deuxième pièce était baptisée la chambre aux joujoux. Il y avait là, en effet, derrière un rideau de toile, quelques jouets, dont le plus beau était un énorme chemin de fer que m'avait donné mon oncle.

Dans le tiroir d'un meuble en bois blanc, il y avait de petites boîtes contenant des tas de bricoles emmêlées, et naturellement des billes, dont quelques-unes en agate et en onyx, grand luxe pour les écoliers d'alors. Il y avait aussi les calots de verre où tournait une trombe précieuse. J'imaginais des yeux d'animaux splendides. Le fils de la concierge, Eugène Lefèvre, joli garçon nerveux, mon aîné de quatre ans et qui apprenait déjà le violon, montait souvent jouer avec moi. J'aimais les chemins de fer avec inquiétude. Je trouvais dans leur forme une excitation bizarre, un résumé déjà satisfaisant des constructions acharnées,

des visages passionnés vers lesquels tendaient mes
sens. C'était quelque chose de « sérieux » comme
une option, un brevet d'attente. A cette époque, on
me fit photographier, mais je ne voulus pas l'être
sans mon chemin de fer, que je tiens par la cheminée, avec une grosse main, sinon le chemin
de fer va glisser de la chaise. Et j'aimais aussi
l'odeur et le goût des jouets, le vernis sur le fer,
le sucre du bois blanc, le sapin de la ménagerie.
Mon père m'apporta un jour un bateau mécanique
avec des roues à palettes, la clef pour le remonter,
et trois passagers en biscuit, le derrière enfilé sur
des pointes, sur le pont. Il avait été légèrement
endommagé pendant le transport, une roue un peu
voilée, la belle peinture rouge un peu écaillée, mais
il sentait bien bon.

Ma mère prit pour servante une excellente femme
que nous connaissions et qu'elle avait plus d'une
raison d'accueillir. La mère Jeanne était une Auver-
gnate qui avait un œil à moitié fermé, ce qui m'éton-
nait un peu, mais je la trouvai bientôt si aimante
et si affectueuse! Elle me donna des images qui
représentaient les généraux de l'Empire : « Celui-ci,
c'est Hoche, celui-là, Marceau, celui-là, Mazana! » Je
l'aimais tant que je ne me rappelle plus grand'chose
d'elle, sinon son visage attentif à me plaire, et que
toutes ses actions se perdent dans sa bonté. Elle

vécut doucement près de nous pendant de longs mois. Mais un jour, il lui fallut se rendre auprès de sa sœur malade et dont les enfants étaient sans ressources. Je m'étais caché pour ne pas la voir partir, j'avais trop de chagrin. J'entends encore des gens parler sur le palier, la porte ouverte. Je vois une bougie vaciller dans un courant d'air. Je tressaille au bruit des malles cognant dans l'escalier. L'odeur de la nuit, du rat de cave et des cuisines entrait par la porte. Des voix bourdonnaient, un peu haletantes. Une d'elles dit enfin : Elle est partie, la pauvre femme.

Plus tard, beaucoup plus tard, elle vint un jour me voir au square d'Anvers, où j'allais jouer quand j'étais au collège Rollin. Je me souviens que ma mère était triste, parce que, tout courant avec mes camarades, je faisais à peine attention à elle. Tout à coup, je ressens une alerte secrète, quelque chose comme une courte flamme sonore; je fais un écart involontaire, je saute sur la mère Jeanne, et je l'embrasse à deux mains trois cœurs...

J'aimais les chemins de fer; j'y joignis les enclumes. Quand ma mère allait nous promener, nous passions devant une forge, et, l'espace d'un instant, mes yeux coffraient ce cadre d'obscurité de la porte éclairé

au fond comme par un danseur... Le feu grimacier
faisait les cornes à l'enclume accroupie comme une
bête lourde aux oreilles pointues, sorte de loup-
garou trapu, sali dans son antre, aux écoutes, her-
métiquement assis sur son derrière, et le grand
soufflet du fond respirait dans son lit comme un
ogre endormi... Un jour, le forgeron me fit entrer
et frapper sur l'enclume, et ce fut la révélation du
bruit chagrin du fer sur le fer... Un autre jour il
m'aplatissait et me façonnait le fer rougi à blanc,
comme un sucre d'orge de feu d'où s'élançaient des
étincelles très pointues, vite pâlies. Je n'avais pas
peur de tout cela. J'y trempais mon cœur avant de
connaître la musique. Et cette odeur du fer et de
la limaille, importante et simple comme celle de la
terre mouillée...

Je me mis à parler si souvent des enclumes, qu'il
arriva ceci : Un matin, j'étais encore couché, et le
soleil dorait les persiennes à la règle et promenait
dans les rideaux des triangles et des timbales qui
commençaient à faire danser toute sortes de petits
personnages. On sonne à la porte. Un silence. Et voilà
qu'on m'apporte un amour de réduction d'enclume
avec son marteau, des petits morceaux de fer, et
une boîte de capsules, qui étaient d'une classe au-
dessus des amorces ! C'était la marchande de vins,
Mme Bassan, florissante matrone, bonne comme le pain

et putain comme chausson, et qui, m'entendant toujours parler d'enclumes, m'avait fait tourner ce jouet
admirable. Ah! si je pouvais te retrouver, chère
madame Bassan. On te disait noceuse, et cela ne
fait plus pour moi l'ombre d'un doute, tu l'étais, pour
avoir mis ton cœur en vacances, un instant, au milieu
de ton commerce, au profit d'un petit garçon rêveur.

J'ai dit que je ressentais vivement les odeurs. Ah,
que ne puis-je sentir aussi fraîchement qu'alors l'odeur
de l'hiver qui commence; l'odeur de l'écurie qui soufflait au fond de la cour, où trônait un piqueur colossal
qui s'appelait M. Sortais; l'odeur d'une boutique
d'herboriste qu'on frôle sans la voir; il faut bien
qu'on y retourne pour voir se mettre gauchement
debout les pâtons des vers à soie; l'odeur des voitures
des marchandes; l'odeur de la rue à onze heures.

Tout ce que vous voudrez, pour une heure de la
lumière, des chants et des odeurs de cette époque-là.

Il y a quelque temps que je vais au Cours. « Institution de jeunes gens », tenue par des dames, rue
Montaigne. Je vois encore le jour où, pour la

première matinée, on me sépara de ma mère, que je n'avais jamais quittée. On m'avait fait lever un peu plus tôt. J'étais là, devant mon premier déjeuner, et je laissais tomber de grosses larmes dans mon chocolat, entre les pattes d'une araignée d'eau monstrueuse que je vis surgir et glisser en rond sur le bord de ma tasse! Allons! C'est l'heure. C'est l'heure des camarades. La vie ferme ses fleurs, tend ses chaînes, ouvre ses livres.

L'Institution était tenue par une vieille demoiselle qu'on appelait Mlle Georges, et qui ressemblait à Voltaire, à un Voltaire coiffé à la chien. Elle était assistée de deux sous-maîtresses; la plus jeune, très jeune fille; la plus ancienne, grosse et brune, pourvue d'une ombre de moustache, avenante des aisselles, et qui s'appelait Mme Garnier. Les mères acides en disaient qu'elle avait le genre fille à soldats. Elle nous faisait tout le temps faire « un verbe ». Pour y échapper, on demandait à aller faire pipi. Elle vous en refusait la permission. Pour l'embêter, Mlle Georges, vaguement jalouse de sa beauté plantureuse, vous l'accordait! Mme Garnier disait : « J'ai mes raisons, mademoiselle. » Et moi, madame, cinglait Mlle Georges, j'ai des raisons majeures!

Nous dinions quelquefois avec Mlle Georges dans un petit restaurant de la rue de Ponthieu qui sentait le garde-manger, la serviette humide et le moutardier sec. Espérions-nous capter son héritage? Il consistait en une main coupée et momifiée qu'elle légua, pour tout potage, à ses amies les dames Juillerat, deux dames riches qui mangeaient sur du papier gras.

Sur le chemin de l'Institution, nous passions devant cette herboristerie dont je parlais tout à l'heure et dont l'odeur et la couleur nous attiraient comme un fourré. Je ferme les yeux, je la sens. Un jour, on y installa des vers à soie, dans la vitrine et sur des claies. Quelle histoire! Tous les jours nous nous y arrêtions, en proie à une sorte de torpeur botanique. Nous nous sentions des voyageurs. Nous admirions, dans le demi-jour du mûrier, les mystères de la forêt, le problème étonnant de ces longs bâtons blancs, d'un blanc tondu, petits chameaux fantômes, qui avaient l'air de faire un travail d'arpenteur, se courbant en boucle pour amener les pattes de leur arrière-train contre leurs pattes de devant, repartant avec celles-ci comme pour mesurer une distance, dressant parfois leur tête ridée de vieille dame, et se balançant si doucement en l'air qu'ils avaient l'air de flotter au gré du vent, vraies girouettes de chair. Et puis, peu à peu, on voyait se tisser et s'épaissir autour d'eux comme un brouillard de rayons! O la joie de mes premiers vers à soie! J'en élevai quelques-uns dans un placard très chaud, près du poêle, du fameux poêle, qui s'enrichit pour moi d'un nouveau mystère.

L'atmosphère de la Pension n'était autre que celle d'un salon louisphilippard, modernisé d'un peu de bambou et de peluche. On y voyait tourner et marmonner en demi-deuil, contre la lumière bourgeoise de la rue Montaigne, la sous-maîtresse et les institutrices. Les yeux des écoliers s'ouvraient et se fermaient dans le faux jour comme les yeux des chats. Il y avait là un Irlandais aux yeux bleus, Edwin Angarika, je crois, qui disait d'une voix follement limpide : « Mselle ! Mselle ! Je ne peux pas trouver Liverpool sur la carte. » Il disait ça pour faire le malin à cause de Liverpool. Il y avait Caronesi, un petit brun rond et dur, en buis, qui collectionnait les morceaux de mosaïque. Hubert de Frédy était étroit, distingué, de manières charmantes, un peu voûté. Maurice Dufrène était grand, fin, froid, avec un front bombé, un sourire timide, et pas encore futur artiste décorateur. Robert Dervillé avait une jolie figure pâle et nerveuse, faisait tout le temps claquer ses doigts et grinçait quelquefois des dents... Midy, futur pharmacien spécialiste, m'embêtait parce qu'il courait après mes petites filles. J'y reviendrai. Blum avait déjà cette manie juive d'enseigner les autres. Doyen, petit blond myope, m'avait donné un des deux rats blancs qu'il avait. Izambard, horriblement chevelu, noir et

huileux, faisait d'immenses grimaces qui m'évo-
quaient, je ne sais pourquoi, un fourneau de cuisine
fendu, crevé. Nous avions nos ardoises. On se disait :
Veux-tu coller? Et, en mettant bout à bout toutes
nos ardoises, nous arrivions à dessiner, à la craie ou
aux crayons de couleurs, une grande composition
de guerre, ou la ligne d'une flotte interminable.

En écrivant ces pauvres choses, j'entends toquer
à la fenêtre, doucement, mélancoliquement, notre
boule blanche que le vent pousse. J'entends défiler
lentement la nuit, par gouttes lointaines, avec un
bruit indifférent, comme aveugle; des larmes qui
viennent du temps, du temps qui revient des larmes,
du fond des mois, du fond des années, du fond des
arceaux, du fond des cavernes. Un innombrable che-
minement d'animaux imperceptibles, inexorables, qui
marchent sur nous en dormant, poussés par les ber-
gers divins, séparés de la nuit passée, sans savoir;
amibes qui se sont chargés tout d'un côté; fantômes
qui se massent à l'avant de la scène, en haut d'un
toit, pour fuir une mer invisible. Quelque chose de
séparé. Quelque chose comme la lumière séparée
de son astre mort, et qui n'en continue pas moins
de tirer purement sa route, isolée dans l'espace.

Je me souviens aussi de certains mots hagards dans la lumière. Nous allions faire nos commissions dans une épicerie où il y avait un petit garçon pâle et affairé et qui se tordait tout le temps les mains, comme s'il suppliait; et j'ai entendu plusieurs fois quelque client demander à l'épicière : « Mais qu'est-ce qu'il a donc dans les mains votre fils? » L'autre répondait : « Madame, c'est des graviers qu'il a toujours. »

Il y avait, en face, un immense mur couvert d'affiches, avec une grande réclame rouge qui avait par certains temps couverts un air menaçant. Nous l'appelions : le mur Troppmann, car nous étions encore sous l'impression des récits qu'on faisait du crime, et je me sentais déjà délicieusement suspendu, sans grand danger encore, au bord de la terreur de vivre.

Je ne vois pas et je ne sens pas moins bien l'entrée, qui ressemblait à un jeu de construction, avec ses vitraux en confitures, et l'odeur tiède, comme une grosse fleur qui s'ouvrait sur la rue, de l'établissement de bains de la rue du Colisée. J'en voyais parfois sortir quelques figures qui me paraissaient en colère. Je me disais : Ce qu'ils ont l'air méchant, tous ces gens-là! Je voyais sur eux un certain désordre, un air de fuite. On eût dit qu'on venait de les mettre à la porte et qu'ils avaient pleuré de rage. Ça m'avait tout l'air d'un palais bizarre, exotique, d'une vie de serre chaude et de tisane, où l'on ne devait recevoir que quelques personnes choisies, où l'on devait élever, par exemple, des vers à soie, et où se faisaient une cuisine et une lessive riches et douces, avec des tintements de lourds couvercles d'or, des allées et venues de fantômes sans yeux, tout rouges, et des départs précipités de personnes congédiées.

On voyait parfois le porteur d'eau, pareil à une énorme balance, ou le garçon de bains, casqué de sa baignoire, porter le lavage à domicile.

O, la première communion de mon premier bain!

Je commençai à aller jouer aux Champs-Elysées, où je retrouvai bientôt mes camarades de pension. Je refais dans tous ses détails le chemin que nous prenions pour y aller, la rue du Colisée, la rue de Ponthieu, le tournant d'un restaurant saisissant de surprises avec ses éclats de verre, ses odeurs de soupirail et de couvercle enlevé, sa batterie de quatre moules à gaufres, noirs et sonnants comme des dragons enchaînés. Puis, soudain, le débouché, dans la lumière grande ouverte de l'avenue Montaigne, en dépassant le café des gaufres, en face du Cirque d'Été! J'étais si heureux que je traversais en courant! J'arrivais en plein dans les camarades, et souvent sur

les genoux, m'écorchant cruellement, me relevant
sans rien dire. Alors, je voyais tourner vers moi
tous les têtards, toutes les boules pâlottes, aux yeux
tout neufs, aux yeux d'une douceur effrayante.
Il y avait là Maurice Delinotte, qui mettait toujours
sur sa tête une couronne en papier doré, et s'écriait
d'une voix d'acteur, déjà : « Mes enfants, je suis le
Rrroi! » Doyen, avec sa figure petitement souriante
de fils d'institutrice, paraissait craindre ces manières.
Izambard, bleu comme une mouche à viande, roulant ses gros yeux de faux oriental, ne détestait
pas les farces brutales. Edouard Blum, qui se croyait
le malin de la bande, qui jouait déjà la comédie
de salon et se vantait de « savoir les fractions »,
souffrait de toute supériorité.

La chaisière était déjà là, devant les parents,
venue par les airs, posée comme une mouche.

Moi, je me sentais timide et fin, déjà réfléchi,
d'une finesse assommante et qui me donnait moins
de plaisir que de peine, mais tout enrubanné de
la jeune lumière, des cris doux, des lointains qui
tournaient avec nous, d'avoir déjà faim, du tuyau
d'arrosage crevé qui délayait lui-même son arc-en-
ciel dans l'eau de ses éventails et qui faisait sentir
si fort l'herbe, de la silhouette coloriée des chevaux
de bois et des baraques des marchands, vieux para-
pluies sans étoffe, et des groupes de parents et

d'enfants pépiants. L'arrosoir posait son tuyau roulant contre la bordure de fer du gazon, comme un gros lézard aux pattes boulues. Oh, le bruit excessivement fin des gerbes d'eau, la rumeur des mouches transparentes, l'inexpressible aigrette de diamant qui sortait d'une vieille blessure! De temps à autre, au bout d'une allée, une corde à sauter traversait l'air. Mes sens buvaient goulûment, avec un zèle immense, et composaient déjà les redoutables tracés, modelaient déjà les germes ardents qui devaient me rendre la vie si dure.

Cependant, comment pressentir tant de sorcellerie dans l'avenir, tant de plans superposés, tant d'accidents à la tête, tant d'intelligence inutile et dont il faudrait se déshabiller coûte que coûte...

Il y avait, à côté du Cirque, une espèce de baldaquin, décoré de bougies de couleur et de pipes, où des retraités, tirant des mouchoirs de priseurs, des maniaques et des domestiques du quartier jouaient à lancer des palets de cuivre, ce qui nous semblait diabolique.

Surveillés par un gardien vert, avec l'œuf dur dans de l'oseille de sa médaille militaire, le pèlerin de Chanaan, portant sa grappe de ballons, le marchand ambulant de sirop de Calabre, tout bossu d'or et de velours, le marchand de plaisir, qui faisait rouler son tambour de garde-française où tournait une double aiguille, l'homme-orchestre, tout jaune et tout noir, démon triangulaire, prodigieux grimoire instrumental, arrivaient en chantant, en tintant dans les arbres et nous étonnaient comme des Rois Mages, des courriers porteurs de grandes nouvelles, de monstrueux voyageurs égarés chez les petits hommes, des sorciers diseurs de sentences autour desquels on faisait le cercle.

Voilà l'Plaisir, Mesdames, voilà l'Plaisir !
N'en goûtez pas, Mesdames, çà fait mourir !

De l'autre côté de l'avenue régnait le Palais de l'Industrie, toujours en expositions et en fêtes, toujours triste comme un diplôme, et dont la figure centrale, chevronnée de la belle étoile, décernait des couronnes à droite et à gauche. Il bourdonnait alors de machines agricoles, batteuses au cou de girafe, herseuses et sarcleuses aux dents rouges, manivelles étranges qui sentaient la chaleur, dont nous étions très amateurs et que nous appelions les machines à bricoles.

Au loin, se profilait mystérieusement, contre l'Obélisque, la lunette à trépied de la Place de la Concorde...

A travers la charpente des baraques ocreuses, pareilles à une ligne de bateaux sans voiles, que nous voyons encore aujourd'hui, telles quelles, écumait à contre-jour le mouvement continu des équipages dans la lumière. De temps en temps, un omnibus passait, avec son bruit du tonnerre de bois, comme un sabot parmi des chaussures fines. La baraque où nous nous rendions le plus souvent était tenue par la mère Guère, une femme en bonnet noir au visage douloureux, égale et patiente. La voisine passait pour être plus sociable, mais moins sûre. Presque toutes avaient le bonnet noir, en hauteur, dont je cherche en vain à me rappeler la structure bizarre.

On trouvait, dans ces baraques, du pain d'épices aux amandes collées sur les côtés, écartées comme les dents du bonheur, et, dans les vitrines, la pipe en sucre, rouge comme quand on regarde ses doigts devant la lampe, les pâtes de guimauve, de jujube, de lichen, et ces tortillons de réglisse noire. La réglisse Florent (vieille marque) était un luxe, en boîte ronde, avec ses petits cubes gris, d'une matière de fond d'artichaut, qui avaient l'air damasquinés sur un côté. On nous permettait aussi les nonnettes Sigaut, parce que c'était « une marque ». Quelquefois, nous achetions une de ces grêles fioles de liqueur, avec leur tout petit bouchon, qu'on enfonçait généralement, sans qu'il fût possible de le retirer sans épingle, dans le goulot, qui se cassait! Ces petites bouteilles en verre mousseline contenaient un produit sucré coloré en jaune ou en rouge. Il n'y avait rien de plus bête et de plus gai que ce sirop en miniature. Comme jouets, le pistolet aux amorces, véritable sauterelle à feu, décoré de vives couleurs chimiques, le clairon, le tambour, la balance à deux sous, délicieusement aigre de sa dorure au mercure, la petite tortue qui tremblait modestement des pattes dans une boîte vitrée, la garniture de cheminée dans son petit carton et son papier de soie. Naturellement, pelles, pioches, ballons, et ces fameux cerceaux à manche sur le moyeu desquels était fixé un timbre que chaque tour faisait sonner. (A propos du cerceau, la première joie d'apprendre à le lancer de façon à se le faire revenir!) Et les toupies, les sabots coloriés avec un clou d'or au centre, la peau d'anguille, la réglisse en poudre rouge, et le manche du fouet qu'on suçait dans un goût subtil de chaussure comestible!

Mais les baraques, c'était surtout : le coco, et le sirop de groseille et de grenadine, dont les carafes et les bouteilles, bouchées de bois et de ficelle, ou même d'un quartier de citron, trempaient dans un petit bassin, sur un escabeau, à la gauche de la baraque et de la marchande.

Le soleil de ce paradis, beau comme une planche de cosmographie, faisait tourner deux manèges de chevaux de bois, l'un en face de l'autre, en plein dans les jeux, cabestans fixés sur un mât de cocagne tricolore, aux fortes baleines, auxquelles étaient

suspendus, dans une armature d'escarpolette, des
chevaux de bois frugalement armés de crin et qui
ressemblaient assez à de grosses brosses usagées. Les
tenanciers de ces astres morts étaient de braves gens
en casquette, des vieux du Second Empire, des militaires et d'anciens gardes, plein de bonhomie bourrue,
la roupie au nez, chiquant leurs souvenirs. Ils se
tenaient debout sur une espèce de plate-forme recou-
verte d'une toiture de zinc où leurs godillots crissaient
aussi désagréablement que le pied sur le dallage
recouvert de sciure des crémeries, souvenir d'enfant qui
me met l'eau à la bouche. Ils y avaient dressé une espèce
de chevalet auquel était adaptée une planchette tour-
nante, sorte de pupitre mobile où les appâts et les
anneaux étaient pincés dans une glissière. Au moment
de la mise en marche du manège, on distribuait des
lances aux enfants, et celui qui avait enfilé le plus
d'anneaux au passage, recevait, pour prix de son
adresse, un jouet ou un sucre d'orge. Du haut de leur
tribune, les patrons tendaient aussi des pantins, des
objets grotesques dont la capture était plus difficile, et ils
égayaient ces lots particulièrement héroïques de boni-
ments lancés d'une voix bourboussonne et que je n'oublierai jamais, tels que : V'là les lunettes de ma grand'-
mère, mad'moiselle Barbouillée des Pois Verts! etc.

Tout cela n'allait pas sans quelque chicane entre les
parents : « Oui, madame, c'est truqué! Il a eu le prix

parce qu'il y monte souvent! Et cette grande bringue de fille, là! Est-ce qu'on fait monter des enfants de cet âge-là sur les chevaux de bois! Je vous demande un peu! »

Le drame que je ne pouvais pas voir, et que je remonte maintenant dans l'ombre, pièce par pièce, c'était celui de l'autre manège, qui ne faisait pas d'affaires. De même qu'il y a dans la rue un trottoir sympathique, de même qu'il y a des rues où on n'a pas envie de passer, comme la rue Buffaut ou la rue de l'Aqueduc, de même il y avait des coins où on n'allait guère, et des gens qu'on n'approchait pas. On regardait à peine le pauvre vieux triste de l'autre manège, et son appareil semblait peu à peu s'enfoncer dans le sol. C'était comme un enlisement, comme un naufrage muet et sourd perdu dans l'orage de toute cette gaieté.

Il en était ainsi pour les Guignols. Le mieux achalandé était celui qui était placé tout contre les Folies Marigny. Son décor de ville triste, plein de coups de bâton, où grinçaient et susurraient deux traversins à tête de plomb, coiffés de chapeaux criminels, m'impressionnait comme un événement macabre dans une impasse. Mais ce ne fut que le jour où on y joua la *Prise d'Alger*, avec coups de canon sourds et véritables pluies d'étincelles, que j'eus le pressentiment du pouvoir de l'homme et de son astuce.

Je n'ai pas gardé un souvenir bien amusant de la voiture aux chèvres, sinon que les enfants faisaient claquer leur fouet du plus fort qu'ils pouvaient, avec le sentiment de diriger la chose, et qu'une fois descendus de voiture, ils caressaient les petites diablesses blanches avec beaucoup d'appréhension.

En fait de grandes personnes, je me rappelle horriblement la tante de notre camarade Jacques Denise. Elle arrivait aux Champs-Elysées avec une figure bouffie de colère, rouge dans une sorte de bonnet bouillonné, roulant ses calots sur un fer à cheval de moustache, et c'était à tout bout de champ des : « Jacques, ici ! Jacques tout de suite ! Jacques, ne fais pas ceci ! Jacques ne fais pas cela ! Jacques, tu seras puni ! » On l'appelait l'ogresse bleue.

Il y avait aussi Mme Doyen, qui arrivait chercher son fils avec un port de caissière et, sur le nez, deux lorgnons superposés.

Je garde un souvenir respectueux et tendre à M. May, qui me parlait avec douceur, et qui me fit un jour cadeau d'un fouet superbe. C'était un beau vieillard, d'une insigne élégance, et dont la barbe blanche avait l'air en soie. Toujours en haut de forme gris mat, ou noir aux reflets innombrables tournant comme autour d'un bracelet sorcière. Il était l'oncle de mon amie, la jolie petite Suzanne May, qui m'avait conquis, un jour où, lasse de bouder, elle m'avait dit : « Je ne suis donc plus ton mignon ? »

« Madame, je vous présente mes hommages.

M. Dervillé va bien? Vous savez la nouvelle? Mais, M. May est mort?... Il s'est suicidé... Non, il n'était pas venu ce jour-là aux Champs-Élysées. En rentrant, son frère a trouvé une lettre qu'il avait laissée, et où il disait : Vous me trouverez dans la Seine. C'était la crue. Le fleuve roulait à pleins bords. On l'a cherché deux jours; on a fini par le trouver assis sur la berge, trempant dans l'eau jusqu'aux genoux. Il s'était tiré un coup de revolver, il était resté comme ça, assis. »

...Un tour de vent visse les feuilles mortes. Les groupes se font et se défont : « Monsieur Deflandre, venez un peu que nous en parlions. »

Il y avait des chuchotements. Les événements entraient dans ma vie l'un après l'autre. Je sentais parfois se déclencher leurs crans, comme on les entend dans un réveil où le mouvement s'achemine en rond vers l'implacable sonnerie.

Je retrouverai plus tard Suzanne May, parfaite blonde. La grâce me fut donnée par elle. Pendant des années, j'ai pensé à elle sans en rien savoir. Je l'ai retrouvée. Je dirai comment. Plus tard. C'est une histoire d'homme.

Un jour que je courais à perdre haleine, poursuivi par un insecte héroïque, ma mère, qui n'était pas

loin, bien entendu, car elle ne me quittait guère,
ma mère m'arrêta tout net et me dit, d'un air assez
dur : « Viens voir ton oncle. » Et elle me mena à
un monsieur brun et noir, à courte barbe carrée,
que je ne connaissais pas. Je vis à côté de lui mon
père, qui tenait par la main une jolie fillette blonde.
On me dit : Tu vois, c'est ta cousine Gabrielle. Nous
nous mîmes à jouer et à courir, pendant que les
parents causaient à l'écart. Elle m'appela tout de
suite Léon, mon cousin Léon. Il me parut qu'elle
avait beaucoup d'assurance, qu'elle parlait très fort
et que ses gestes étaient supérieurs aux miens. Elle
me domina d'emblée. Puis, quand on trouva que
nous avions assez joué, on nous mena ensemble à
une baraque, où mon père acheta une pendule pour
elle, mon oncle une balance pour moi. Tout à coup,
chuchotements précipités, des bras jetés de travers,
le frottement de quelqu'un qui court. Un tour-
noiement, un coup de vent sec emmena tout net la
petite cousine, dans une traînée de feuilles sèches.
C'était ma tante qui arrivait, il ne fallait pas qu'elle
me vît, histoires de famille, pauvres histoires...

Il y avait aux Champs-Élysées des enfants exotiques,
généralement gras et pâles, habillés de couleurs. Il

y en avait deux qui disaient tout le temps : Mama,
et qui répondaient presque toujours : Non ! (pas
même : non, merci, comme nous disions, nous),
quand on leur demandait : Voulez-vous jouer ? Il y
eut aussi un garçon orgueilleux, déjà grand, qui
planta un jour une pelle dans un tas de sable, et
cria : « Tous les enfants qui feront tomber cette pelle
auront les oreilles tirées ! » C'en était trop. Toute ma
patience accumulée me monta d'un coup de pompe
aux oreilles avec une chaleur insupportable. Mon
orgueil de timide passionné grimpa brusquement
trop haut pour que je pusse désormais supporter le
moindre défi : les yeux remplis de larmes, je m'élan-
çai sur le tas de sable et, d'un coup de pied sûr,
j'envoyai promener la pelle sur le macadam, au
milieu des promeneurs. Au moment où le garçon se
précipitait à mes trousses, ma mère était déjà sur lui,
et, sans oser regarder, serrant les épaules, j'entendis le
bruit plein et décisif de la calotte qu'elle lui appliqua,
dans la stupeur générale. Je n'ai pas su le reste.

Les enfants qui jouaient à dix mètres de nous
s'estompèrent, se fondirent dans une grisaille. Ils
n'existèrent plus pour nous. Nous ne conçûmes plus
d'autres camarades. Nous nous sentîmes exceptionnels.

Là-dessus, coup de baguette. Piaffements précipités. Des badauds s'affairent au bord du trottoir,

se montrent quelque chose qui se passe à gauche : Un beau vieillard s'avance au grand trot, mirifiquement chapeauté, suivi d'une cavalcade d'enfants montés à ravir. Rumeur flatteuse, tapée de quelques applaudissements. Grrand Français! Rrran Français! C'est Ferdinand de Lesseps et sa petite famille.

Un matin qu'il faisait grand soleil et que l'avenue des Champs-Elysées étincelait de voitures de maîtres, avec le bruit des gourmettes et le glissement doux des huit ressorts, ma mère, qui avait ce jour-là l'air assez triste, me prit par la main et m'amena au bord du trottoir, tout contre la chaussée. Comme nous restions là longtemps, je lui dis : « Qu'est-ce que tu regardes? » Elle répondit, au bout d'un instant : « Ah! les voilà! Pauvre amie. Tiens, tu vois, c'est aujourd'hui que Robert Dervillé prend le nom de son père. Il s'appelle maintenant Robert Landelle. »

Nous avons déménagé. Nous ne sommes plus au 15, nous sommes au 22 de la rue du Colisée. C'est un logement un peu triste. Je souffre là d'une impression d'attente et de calme d'où je voudrais m'échapper. Nous sommes seuls pendant de longs jours, ma mère et moi. Mon père est en voyage.

Un jour, dans le silence, ma mère me dit qu'elle se sentait souffrante. Nous n'avions pas encore notre nouvelle bonne. Je me souviens qu'elle sortit sur le palier pour appeler la concierge. Elle criait : Madame Bombart, madame Bombart? L'autre monta. Ma mère se mit au lit. Le médecin qui vint aussitôt dit que ce n'était rien. Elle est nerveuse, elle est malheureuse. Moi, je savais bien que ma mère était résistante, la voyant toujours si active. Elle ne resta couchée que quelques jours, mais je la trouvai bien silencieuse.

De nos fenêtres, on voyait des façades riches et tristes de grands carrossiers : Henri Binder, et, plus loin, dans un lourd cadre noir et or : Poitrasson.

Mon père arriva avec un poêle Choubersky. Je fus ébloui, radieux. Quel jouet magnifique! Quand l'ouvrier le mit en place, j'admirai, le souffle retenu, ce merveilleux instrument, ce joujou grande personne, avec son beau noir lustré et la couronne nickelée de son couvercle. Le lendemain matin, je fus réveillé par un bruit de voix animées. Dans la bonne odeur du café, mon père, en bras de chemise, expliquait à ma mère, en peignoir, les cheveux sur les épaules, et à notre bonne, qui se tordait les mains d'émotion : « Un cendrier, un seul, vous dis-je. Il faut verser un cendrier de sable dans la rainure. » Ces paroles me semblèrent grosses de sens, d'une vérité générale et d'une certitude réconfortantes. J'étais tout frémissant, aux écoutes, bien réveillé, l'œil frais comme un poisson, plein de santé, assis dans mon lit. Mon cœur battait à pleines voiles. J'avais vu poindre la science, l'instrument sérieux et dangereux, les merveilles de l'industrie, les grandes aventures mécaniques. Tout s'élargissait et promettait. Le poêle montait rapidement et chauffait. C'était comme si l'action en personne était entrée dans la maison!

Il y avait déjà longtemps que nous allions chez les Landelle, au 17 de la rue Montaigne, au coin du Faubourg Saint-Honoré. Ils habitaient au cinquième étage un vaste appartement d'angle, avec un immense balcon qui faisait le tour de la maison et d'où l'on avait vue sur cinq rues animées, comme sur les môles et dans les bassins d'un grand port. Là devaient fourmiller pour moi beaucoup de plaisirs et beaucoup de mystères.

Il y avait aux fenêtres de grands vitraux qui me semblaient admirables. Les meubles étaient en ébène et en palissandre, avec un immense lit de milieu canné d'or, et des lampes massives, et des suspensions partout, « signées de Gagneau ». Des pendules monumentales. Une lumière amusée par une infinité de bibelots. De nombreux objets recouverts en peluche, coffrets, boîtes à gants, cadres. Tout cela me parut d'une richesse sans limites, et je me plongeai pour longtemps dans cette variété.

Mon camarade Robert Landelle avait un peuple de jouets. Il m'en faisait profiter avec beaucoup d'amitié et de complaisance. Je les considérais sans jalousie, mais avec une sourde envie de pleurer dont je n'aurais vraiment pas su m'expliquer la cause. Il me souvient surtout d'un cheval mécanique, modèle riche, grande taille. Et de certaine épée à poignée de nacre...

Sa mère était grande, forte, douce et bovine. Je l'aimais bien. Elle s'occupait sans cesse à arranger des draperies autour d'énormes cache-pot contenant des plantes artificielles, notamment de faux bégonias en caoutchouc argenté dont Robert grattait le maquillage avec ses ongles.

Son père était petit, maigre, noir, jaune avec des yeux brasillants. On disait souvent qu'il était condamné, mais qu'on allait demander au docteur Depoux d'appeler de nouveaux médecins en consultation. Octavie, la cuisinière, géante forte en gueule au juste sens, bougonnait grassement : Depoux, Depoux, il est comme les autres, celui-là! Des nobles, il vous faut des médecins nobles à présent!

Quand j'évoque le physique de M. Landelle, ses yeux incandescents, ses rages de malade, et l'allure de

Rubens de Mme Landelle, je ne puis m'empêcher de penser à l'immense lit de milieu qui semblait dominer la chose, absorber toute la lumière dans son mausolée d'ébène, et je revois une gravure de James Ensor, qui s'appelle la Luxure, où un tout petit homme crochu, velu et noir, grimpe de très bas dans le vagin d'une femme énorme qui le surplombe, sur un lit vaste comme un autel.

M. Landelle réunissait des ouvrages militaires, éditions de grand luxe, dont il se faisait tirer des exemplaires à son nom, sur grand papier, et qu'il faisait habiller de reliures splendides par Marius Michel.

C'était, par exemple : l'Armée Française, par Jules Richard, édition Boussod-Valadon, grand in-folio, avec des illustrations en noir et en couleurs d'Edouard Detaille. Quand nous avions eu de bonnes notes, il nous les montrait avec toutes sortes de précautions, en fronçant le sourcil et en clappant de la langue avec impatience quand nous approchions nos mains tremblantes de ce formidable ouvrage.

J'admirais la finesse du trait et le fondu photographique des personnages. Un joli travail de couleur les faisait vivre. Je m'hallucinais, je les voyais tourner, je voyais la fumée des canons s'étirer lentement sur les pages. Un véritable trompe-l'œil, comme dans un panorama. Je conçus à ce moment qu'il pouvait y avoir au monde d'inexplicables merveilles.

Une grande joie pour moi, c'était, les soirs d'été, d'aller sur le balcon, avec deux ou trois camarades, regarder ramper les voitures et les silhouettes fantastiques des passants. Il y avait à ce moment une série de crimes dans Paris. Gamahut, Marchandon, l'assassinat de Mme Ballerich. Marie Regnault venait d'être assassinée par Pranzini deux maisons plus haut. Des ombres glissaient sur les murs comme des oiseaux de mauvais augure, grandissantes jusqu'à la menace. Nous pressentions des catastrophes, nous espérions quelque chose de terrible. Parfois, un incendie qui respirait au loin nous en envoyait la sourde promesse. Nous montions souvent, sans être vus, par un petit escalier intérieur, dans un assez grand cabinet qui servait de débarras et qui était rempli de choses bizarres. Là, nous tenant par la main et nous chuchotant de drôles d'histoires, nous regardions, par une fenêtre basse, les lumières mouvantes empêcher les ténèbres de dormir, et nous écoutions trembler au loin les bruits de la ville. C'est au creux de ces soirées, au contact de ces enfants pas très sages, ardemment conçus par des parents mal remis de la guerre de 70, nous serrant l'un contre l'autre dans la nuit du grenier magique, que nous devinâmes que nous allions vivre dans l'aventure et que nous fûmes troublés, dans la fausse position du complot, de la cachette et de l'écoute, par le premier danger sexuel.

On commença à voir les enfants rôder chez les uns, chez les autres, dans les couloirs, dans les rideaux ; chuchotements, portes fermées très lentement, pour les empêcher de grincer. Mais quand Picard abusait de lui-même, il prétendait associer le monde entier à son plaisir. Il lui fallait tout un attirail. Il décrochait dans le salon de fort grands portraits de famille, qu'il emportait aux cabinets, chantant, faisant le plus de bruit possible. Il y joignait une vieille clarinette, et jusqu'au dessous de plat à musique et au cabaret à liqueurs en bois sculpté à la mécanique, dont l'un jouait la *Marseillaise* et l'autre le *Chant du Départ*. De sorte que, quand j'arrivais chez les Picard et que j'entendais un carillon dans l'escalier, j'étais fixé.

Le soir, quand il faisait chaud, nos parents sortaient ensemble. On se traînait, les uns les autres, vers les Champs-Elysées, comme des paniers noirs. Et c'était tout de suite le Café des Gaufres, tout illuminé d'orgie, avec ses machines à faire les gaufres et leurs poignées tournantes qui m'intriguaient tant. Et cette odeur de gâteaux chauds ! Il y avait aussi des messieurs qui étaient les grands Parisiens de l'époque et qui se promenaient de long en large, jetant à nos mères des regards significatifs en fumant leur cigare dont l'odeur nous était nouvelle, et cette odeur, avec celle de la serviette en cuir, est restée longtemps pour moi l'odeur des grandes personnes.

Quelqu'un disait : « Voilà le prince Napoléon qui se chamaille encore avec Cassagnac. » Je les vois comme si c'était hier. Ils arpentaient, s'arrêtaient brusquement, gesticulaient, se regardaient bien en face et repartaient avec un coup de tête.

Au loin veillaient des couronnes blanches, explosaient des cafés chantants. Nous jouions à cache-cache autour des Folies Marigny, dans les massifs de verdure. Il y avait de prodigieux moments de silence et d'attente, dans l'odeur de l'herbe arrosée qui séchait. Soudain, on voyait une ombre fuir à toutes jambes. Etait-ce un camarade ? Etait-ce un étranger dangereux ? Ces jeux se déroulaient dans une atmosphère précoce de terreur. Il y avait dans ce jardin nocturne un coin si mystérieux, si écarté, si faux, que nous l'avions baptisé : Tananarive. « Fondons une ville ! Abrikauté ! Tananarive ! » Et nous nous entendions crier dans la nuit chaude. Une fois rentrés et couchés, nous en étions longtemps troublés, nous ne pouvions nous endormir, puis, peu à peu, nous glissions de rêve en rêve...

Le frère de mon ami Doyen, qui avait deux rats blancs, m'en donna un. Je me passionnai pour cette petite bête. Nous l'appelions mon ti Belot.

Je le mettais souvent dans un wagon du grand

chemin de fer que m'avait donné mon oncle. Il mettait la tête à la portière, à notre grande joie. Mais comme je faisais brûler des pastilles du sérail dans la cheminée de la locomotive pour avoir de la fumée, il en était incommodé, et il rentrait dans son wagon, avec une grimace indiscutable.

AIR DU RAT BLANC

Abi Abirounère
Qui que tu n'étais don?
Une blanche monère
Un jo
Un joli goulifon
Un œil
Un œil à son pépère
Un jo
Un joli goulifon

(Appel)

Tillibeet, mon ti fifi!

J'eus une grande joie le jour où ma mère m'acheta un petit costume Louis XV en velours marron, à boucles d'acier, et une cravate Lavallière en soie orange et noir. Nous l'appelions la cravate couleur du soleil, comme dans Peau d'Ane. On me fit photographier ainsi, chez Van Bosch, photographe alors en renom.

Quand on vint livrer les photographies, ma mère était si heureuse! Quelques jours après, survint un singulier personnage, vêtu à l'artiste, qui sortit silencieusement et précieusement, d'une gaîne de velours, mon portrait sur verre dépoli, où on me voyait en transparence, dans une lumière infiniment suave, avec de discrets rehauts de couleur. L'homme dit avec importance : « Madame, il est entièrement fait à l'aiguille aimantée. » Ma mère en avait bien envie, et moi j'étais paralysé par la vue d'une si belle chose : « Nous ne l'avons pas commandé, » dit mon père. Et, malgré la loquèle abondante de l'autre, qui se défendait comme un sorcier défend ses charmes, il le poussa doucement vers la porte. Je crois que ma mère avait un peu envie de pleurer.

Je reçus mon premier livre d'étrennes, cadeau d'une amie de ma mère, qui me l'apporta dans mon lit où je tenais une tasse de chocolat avec des rôties beurrées. C'était le *Robinson Suisse*, avec une reliure rouge ornementée d'or. Elle me le tendit : « Ne le lui

donnez pas, ma chère, lui dit ma mère, il foutra tout
par terre ». Mais je la tirai de force. Oh, l'odeur de
neuf, de verni, de carmin, d'encre fraîche et d'étrennes
de ce livre ! J'osais à peine l'ouvrir. Et, ce qui me
troublait le plus, c'était, quand mon haleine passait
sur l'or de la couverture, sur laquelle je me penchais
pour l'embrasser, c'était de voir cet or se ternir de
buée, mais reprendre aussitôt son brillant féerique !

Je parlerai plus tard d'une convalescence, des
joies de la grille allumée, de la lampe voilée, des fées
nouvelles qui se font connaître, des pas feutrés,
des chuchotements, de l'entrée impérieuse et douce
du médecin en redingote noire, des mots bizarres
qui se forment dans la fièvre, des joies d'une faim
absolument originale, après une diète lactée tiède
édulcorée, du premier blanc de poulet et du premier
œuf, de certains gâteaux légers qu'on appelait des
casse-museau et que m'apportait une voisine. Ah !
quelle faim délicieuse et poétique je sentis monter
dans mon corps tout neuf, quand on mit sur mon
lit un album d'images intitulé : *Les Fredaines de
Chardonvert*, où ce fils prodigue et vagabond finit
par aller mendier chez sa tante, qui ne voulut bien
lui offrir qu'une modeste tartine de fromage blanc !
Il y avait aussi, rue du Colisée, une pâtisserie :
Maison Hattier, où j'allais admirer longtemps, puis

décidément manger de ces gâteaux décorés de losan-
ges de confiture rouge et jaune et qui ressemblaient
à de petits vitraux cloisonnés. Soupe à l'anglaise.

Quand j'étais trop long à choisir un gâteau, ma
mère, impatientée, finissait par me dire : « Tu vas
prendre celui-là, ou bien tu n'auras rien du tout ! »

Mais la fringale qui me prenait quand Marie Barrault,
notre bonne, venait me chercher le matin à l'Institution, et me disait en anglais ce qu'il y avait à déjeuner !
(Cream cheese.)

O faim du premier homme !

Un jour, les Champs-Elysées montèrent comme
une soupe et se répandirent sur la chaussée. Tout
le monde parlait de plus en plus fort, tout le monde
se dirigeait, on ne savait pourquoi, du côté de la
Concorde. Les plus curieux commençaient à grimper
n'importe où, les plus passifs commençaient à courir,
et nous recevions leurs cailloux dans les jambes.

Enfin, un cri retentit. Les voilà ! Alors on vit
débouler, lentement, entre les arbres, une espèce
d'enfer laineux, des chevaux caparaçonnés, des dais,
des aigrettes, un corbillard de haute lice, suivi de grosses
figures de fleurs à perte de vue sur la chaussée. C'était
l'enterrement de Victor Hugo. Du monde partout, sur le

toit des baraques, sur les statues, sur le mât des chevaux de bois, sur les becs de gaz, sur les arbres, gonflés, piquetés comme des pains au raisin. Soudain, un coup de feu sonne clair à petite distance : « Sauve qui peut! Voilà les Rouges! » Les gens se laissent tomber des arbres par paquets sur le sable en soulevant des rafales de poussière. Les baraques craquent avec un bruit de parapluie cassé. Des serpents humains glissent des réverbères qui se faussent, tintent, éternuent des éclats de verre. Les fuyards se relèvent, ronds d'entorses, se traînent en tous sens, cherchent où s'abriter. Les mères piquent comme des poules. Panique vite réprimée. Nous nous retrouvons aux Ambassadeurs, hors d'haleine, assis sur ces chaises-fleurs dont un pétale cassé vous entrait toujours dans le derrière.

Dîné le soir avec les Landelle, ma mère, Robert et deux camarades. La descente de voiture dans le Palais-Royal illuminé, l'odeur de Grand Véfour, l'entrée dans la fête! Nos mères avaient des capotes à brides, des rotondes et des tournures; nos pères des gibus.

A l'instant même où j'écris, j'entends le piano chez Mme Landelle... Un cube bleu, plein de fantômes, suspendu dans l'espace à la hauteur du cinquième. Des amis à nous. Mme Mortier, Mme Colass, Alice Boucher, qui arrivait toujours parfumée et portant un carton à chapeau. Mme Drapier, qui jouait : *Colonel Polka, tiré de la Femme à Papa,* avec de beaux doigts gras et blonds, boulant sur le clavier. J'étais épaté par sa maîtrise, et les accords qu'elle faisait de la main gauche me paraissaient d'une plénitude et d'une réussite inouïes. Révélation de la musique.

On parlait vaguement de départ. Nous devions habiter la rue de Dunkerque.

Je n'ai jamais déménagé sans un grand chagrin. Je me sentais déjà chassé, poussé sans retour d'image en image. Si peu que nous fussions restés dans un appartement, je m'en arrachais avec peine. J'embrassais longuement les murs. Quand la pauvre mère Jeanne nous a quittés, j'ai gardé de vieux vêtements qu'elle avait laissés et je les ai pressés bien souvent sur mon cœur. Les hommes s'en vont, les objets s'en vont, les murs dégarnis deviennent semblables à un visage sans traits, les visages se fondent dans l'espace.

Nous qui sommes venus du fond des âges, à travers tant de formes ténébreuses, quittées l'une après l'autre, et que nous avons laissées mourir seules, que nous restera-t-il, à notre tour, quand il faudra glisser par la fente invisible, et, cherchant nos maisons futures, descendre ou monter pour toujours?

Une Lettre de Robert Landelle.

L'Etoile, le 2 Janvier 1889.

Mon cher Eugène,

Ce n'est pas la paresse qui a été cause de mon long silence. Je ne t'ai pas écrit plus tôt parce que j'ai été souffrant pendant plus d'un mois, et rentré au lycée, j'ai été obligé de travailler ferme pour rattraper un peu le temps perdu. En ce moment, je suis aussi bien que possible. Je t'envoie mes souhaits de bonne année et de bonne santé, ainsi qu'à ton père et à ta mère que j'aime tant.

Tu nous dis que ton père a été indisposé, et nous sommes heureux de savoir qu'il va bien maintenant.

Je me plais assez bien au lycée de Lons-le-Saulnier. Je suis en 7ᵉ, mon professeur est très bon. Il nous appelle ses grands diables et il comprend les choses.

Les études sont divisées en quartiers, il y en a huit. Je suis en ce moment en vacances et je rentre jeudi soir.

J'ai été content d'apprendre que les papillons que nous t'avons envoyés t'ont fait plaisir et que tu les as mis dans ta plus belle vitrine. Malheureusement, il y en a eu d'abîmés. Nous n'avions pas de filet pour les prendre et nous tombions souvent avec.

Si notre propriété était plus près de Paris, nous pourrions nous voir souvent. Quoique mes frères grandissent et que je m'amuse avec eux, j'aimerais mieux un ami sérieux comme toi. Nous pourrions causer et faire en plus grand les excursions que nous faisions aux Champs-Élysées. A Lons-le-Saulnier, je sors quelquefois chez mon oncle et ma tante. Ils me font faire de belles promenades, mais ce n'est pas la même chose.

Je termine en vous embrassant tous, ainsi que maman, mes frères et ma sœur.

Ton ami pour la vie,

Robert LANDELLE.

L'EXIL

UNE nymphe s'est retournée
    Dans le sel rouge de l'automne.
Une chrysalide a brillé
Dans l'échaudé de la fumée.
Une ville ! Une ville encore,
Qui regarde à travers sa toile,
Avec ses portraits de résine,

Le fourmilier mangeur d'étoiles
Qui lutte pour la fin du miel
Avec la phalène de fer
Qui pousse son soc dans le ciel.

Le feu tinte dans la cuisine.
L'homme fait rire sa poupée.
Le phare s'étire dans l'ombre
Qui prend le large comme un pauvre.
Jadis je me suis arrêté
Vers le soir, en plein cœur d'été,
Sous une porte sans vantail
Où l'on buvait des cours profondes
Aux pas pressés, aux têtes fausses,
Des boutiques à l'air sauvage,
Des objets vénéneux et vagues
Que je tremblais de me nommer.
Un soir, je me suis arrêté
Devant la porte condamnée
Où l'on entend de la musique.
Mon cœur battait. J'avais sauté
Dans le retrait, dans le détour
Où brille un secret mal couvert.
Mais au bout d'un couloir j'ai vu
L'ombre, assise en tailleur, attendre
Sous l'aisselle d'une araignée.

Le long du couloir encrassé
Par un ébroûment de corbeaux,
Dans une gare de ceinture,
Au coup de tambour de la porte
Rebattue et questionnée
Par l'œuf pourri de la fumée,
Sous l'œil gradué des balances
Qui reflète le cimetière
Où la marchande de journaux
Pleure son fils dans son fichu,
Le long de la douleur j'ai bu
Le souffle cave des trains pauvres
Qui dorment en changeant de mouches
Dans la fosse pleine de graisse
Où la nuit bougonne en gouttant.
Comme eux, je roule mon calvaire,
Comme eux, je gagne la chapelle
Entre des files de malades.
Je fais comme les camarades.

Reviens. Sauve ton pauvre enfant
Qui pleure par tes yeux absents.
Parle-moi du fond de l'étang
Ou du faîte du ciel s'il est
Construit des restes de la terre.
Je suis petit. Tu es si grand.

C'est fait. J'adopte tes idées.
Je reconnais que ma misère
Venait des désirs que j'avais.
Tu vois, je suis calme et j'espère.
Fais-moi quitter mon corps visible.
J'escaladerai les échelles
Des épreuves et des blessures,
Je traverserai les systèmes,
Incube de tous les soleils,
Goutte de feu, goutte de boue,
Dans ma soif de te reconnaître.
Sans toi, sans ta douceur sévère,
Ma vie est le rêve d'un rêve
Hanté de fantômes trop tendres.
Dans la ville qui se rend sourde
Comme un fruit plein de perce-oreilles,
Devant le mur où je regarde,
Tableau de concours de la mort,
Sous le battoir de la parole,
Dans le ramage de l'esprit,
Dans la bauge où je déshabille
L'algue et la marne de l'amour,
Dans le battement où me plonge
Le coup de canon de la mer
Que je reçois comme un message
Sur l'égarement de mon cœur,
J'ai besoin de ton injustice.

Je suis, sans toi, je suis, sans elle
Comme un cadavre d'inconnu
Les cheveux trempés de sueur
Collés sur un front bleu de plomb
Tombé sur la terre étrangère
Au milieu d'un rassemblement
Qui ne comprend pas son visage.

POSTFACE

UN long bras timbré d'or glisse du haut des arbres
Et commence à descendre et tinte dans les branches.
Les feuilles et les fleurs se pressent et s'entendent.
J'ai vu l'orvet glisser dans la douceur du soir.
Diane sur l'étang se penche et met son masque.
Un soulier de satin court dans la clairière
Comme un rappel du ciel qui rejoint l'horizon.
Les barques de la nuit sont prêtes à partir.

D'autres viendront s'asseoir sur la chaise de fer.
D'autres verront cela quand je ne serai plus.
La lumière oubliera ceux qui l'ont tant aimée.
Nul appel ne viendra rallumer nos visages.
Nul sanglot ne fera retentir notre amour.
Nos fenêtres seront éteintes.
Un couple d'étrangers longera la rue grise.
Les voix
D'autres voix chanteront, d'autres yeux pleureront
Dans une maison neuve.
Tout sera consommé, tout sera pardonné,
La peine sera fraîche et la forêt nouvelle,
Et peut-être qu'un jour, pour de nouveaux amis,
Dieu tiendra ce bonheur qu'il nous avait promis.

TABLE

TABLE

*Achevé d'imprimer le Dix-Sept
Avril Mil Neuf Cent Vingt-
Huit, par Aulard, Iung et Cie,
6, r. du Vieux-Colombier, Paris*